Duplica los animales

por Lisa Trumbauer

Consultant: Brad Laager, MA, Math Educator
Little Falls Community Middle School

Libros
sombrilla
amarilla
para lectores principiantes

Libros sombrilla amarilla are published by Red Brick Learning
7825 Telegraph Road, Bloomington, Minnesota 55438
http://www.redbricklearning.com

Editorial Director: Mary Lindeen
Senior Editor: Hollie J. Endres
Senior Designer: Gene Bentdahl
Photo Researcher: Signature Design
Developer: Raindrop Publishing
Consultant: Brad Laager, MA, Math Educator, Little Falls Community Middle School
Conversion Assistants: Katy Kudela, Mary Bode

Library of Congress Cataloging-in-Publication Data
Trumbauer, Lisa, 1963-
  Duplica los animales / by Lisa Trumbauer
      p. cm.
  ISBN 13: 978-0-7368-7337-6 (hardcover)
  ISBN 10: 0-7368-7337-6 (hardcover)
  ISBN 13: 978-0-7368-7417-5 (softcover pbk.)
  ISBN 10: 0-7368-7417-8 (softcover pbk.)
  1. Multiplication—Juvenile literature. I. Title.
  QA115.T768 2005
  513.2'13—dc22

                                        2005016136

Adapted Translation: Gloria Ramos
Spanish Language Consultant: Anita Constantino

Photo Credits:
Cover: Corel ; Title Page: Getty Images; Pages 2–5: Corel ; Pages 6–9: Getty Images;
Pages 10 and 11: Corel; Pages 12–15: Hemera Photo Library

1 2 3 4 5 6 11 10 09 08 07 06

Contenido

Mamíferos en el bosque

Los osos negros viven en el bosque. Los osos negros son **mamíferos**. Les gusta trepar árboles. ¿Cuántos osos negros ves? ¡Estás correcto! Ves un oso.

Ahora mira las dos fotos. ¿Cuántos osos negros ves? Los osos se han duplicado. **Duplicar** algo quiere decir que se va a **multiplicar** por 2.

1 oso + 1 oso = 2 osos

1 oso x 2 grupos = 2 osos

¿Cuáles son otros animales que se
pueden encontrar en el bosque? Vamos
a buscarlos. Aquí hay unos venados.
Los venados también son mamíferos.
¿Cuántos venados ves? Ahora multiplica
ese número por 2.

¡Los venados se han duplicado!

¿Cuántos venados ves ahora?

2 venados + 2 venados = 4 venados

2 venados x 2 grupos = 4 venados

Como los osos y los venados, los
mapaches también son mamíferos.
Duermen durante el día. Salen por la
noche. ¿Cuántos mapaches ves? Ahora
multiplica ese número por 2.

¡Los mapaches se han duplicado!
¿Cuántos mapaches ves ahora?
3 mapaches + 3 mapaches = 6 mapaches
3 mapaches x 2 grupos = 6 mapaches

Reptiles en el bosque

Las tortugas son **reptiles**. Se sientan bajo el sol para calentarse. Pueden sumergirse bajo el agua para esconderse. ¿Cuántas tortugas ves en este tronco? Ahora multiplica ese número por 2.

¡Las tortugas se han duplicado!

¿Cuántas tortugas ves ahora?

4 tortugas + 4 tortugas = 8 tortugas

4 tortugas x 2 grupos = 8 tortugas

Pájaros en el bosque

Los pájaros construyen sus nidos en los árboles. Estos son pajaritos. Su madre les da de comer. ¿Cuántos pájaros ves? Ahora multiplica ese número por 2.

¡Los pájaros se han duplicado!

¿Cuántos pájaros ves ahora?

5 pájaros + 5 pájaros = 10 pájaros

5 pájaros x 2 grupos = 10 pájaros

Estos patos viven en un estanque. El **macho** tiene la cabeza verde. La **hembra** es de color café. ¿Cuántos patos ves? Ahora multiplica ese número por 2.

¡Los patos se han duplicado!

¿Cuántos patos ves ahora?

6 patos + 6 patos = 12 patos

6 patos x 2 grupos = 12 patos

Insectos en el bosque

Los **insectos** viven en el bosque, también. Las mariposas son insectos. Pueden extraer **néctar** de las flores. ¿Cuántas mariposas ves? Ahora multiplica ese número por 2.

¡Las mariposas se han duplicado!

¿Cuántas mariposas ves ahora?

7 mariposas + 7 mariposas = 14 mariposas

7 mariposas x 2 grupos = 14 mariposas

Glosario

duplicar   hacer 2 veces (2x) la cantidad de un número

hembra   niña o mujer

insecto   un animal con seis patas que tiene el cuerpo segmentado en tres partes

macho   niño u hombre

mamífero   un animal de sangre caliente, que es vertebrado, respira el aire, tiene pelo o piel, y amamanta a sus crías

multiplicar   sumar un número a sí mismo, cierta cantidad de veces

néctar   el líquido dulce que se encuentra dentro de las flores

reptil   un animal de sangre fría, que es vertebrado, respira el aire, tiene escamas, y pone huevos

Índice

Word Count: 373
Guided Reading Level: K